汉语风 中文分级系列读物

Liáng Shānbó yǔ Zhù Yīngtái de gùshi
梁山伯与祝英台的故事
Shanbo Liang and Yingtai Zhu

主　编　[美]储诚志（Chengzhi Chu）　赵绍玲（Shaoling Zhao）
改　编　谢勤（Qin Xie）

北京大学出版社
PEKING UNIVERSITY PRESS

图书在版编目(CIP)数据

梁山伯与祝英台的故事 / (美) 储诚志, 赵绍玲主编.— 北京:北京大学出版社, 2020.10
(《汉语风》中文分级系列读物. 第三级. 750 词级)
ISBN 978-7-301-31545-3

Ⅰ.①梁… Ⅱ.①储… ②赵… Ⅲ.①汉语—阅读教学—对外汉语教学—自学参考资料 Ⅳ.①H195.4

中国版本图书馆CIP数据核字(2020)第166019号

书　　　名	梁山伯与祝英台的故事 LIANG SHANBO YU ZHU YINGTAI DE GUSHI	
著作责任者	[美]储诚志　赵绍玲　主编 谢　勤　改编	
责任编辑	路冬月	
标准书号	ISBN 978-7-301-31545-3	
出版发行	北京大学出版社	
地　　　址	北京市海淀区成府路205号　100871	
网　　　址	http://www.pup.cn　　新浪微博:@北京大学出版社	
电子信箱	zpup@pup.cn	
电　　　话	邮购部 010-62752015　发行部 010-62750672 编辑部 010-62753374	
印　刷　者	北京宏伟双华印刷有限公司	
经　销　者	新华书店 850毫米×1168毫米　32开本　2.75印张　43千字 2020年10月第1版　2020年10月第1次印刷	
定　　　价	22.00元	

未经许可,不得以任何方式复制或抄袭本书之部分或全部内容。
版权所有,侵权必究
举报电话: 010-62752024　电子信箱: fd@pup.pku.edu.cn
图书如有印装质量问题,请与出版部联系,电话: 010-62756370

储诚志

　　夏威夷大学博士,美国中文教师学会前任会长,加州大学戴维斯分校中文部主任,语言学系博士生导师。兼任多所大学的客座教授或特聘教授,多家学术期刊编委。曾在北京语言大学和斯坦福大学任教多年。

赵绍玲

　　笔名向娅,中国记者协会会员,中国作家协会会员。主要作品有报告文学集《二十四人的性爱世界》《国际航线上的中国空姐》《国际航线上的奇闻秘事》等,电视艺术片《凝固的情感》《希望之光》等。多部作品被改编成广播剧、电影、电视连续剧,获各类奖项多次。

谢　勤

　　长期任职于大型国企计算机信息管理部门,高级工程师。爱好语言学及文学,业余从事文学创作,经常在报刊发表散文、随笔及杂记等。

Chengzhi Chu

Chu is associate professor and coordinator of the Chinese Language Program at the University of California, Davis, where he also serves on the Graduate Faculty of Linguistics. He is the former president of the Chinese Language Teachers Association, USA, and guest professor or honorable professor of several other universities. Chu received his Ph.D. from the University of Hawaii. He had taught at the Beijing Language and Culture University and Stanford University for many years before joining UC Davis.

Shaoling Zhao

With Xiangya as her pen name, Shaoling Zhao is an award-winning Chinese writer. She is a member of the All-China Writers Association and the All-China Journalists Association. She authored many influential reportages and television play and film scripts, including *Hostesses on International Airlines, Concretionary Affection,* and *The Silver Lining.*

Qin Xie

Qin Xie is a senior engineer of computer information management of a large enterprise in China and a diligent part-time essayist. She has frequently produced creative writings for newspapers and magazines.

前　言

学一种语言,只凭一套教科书,只靠课堂的时间,是远远不够的。因为记忆会不断地经受时间的冲刷,学过的会不断地遗忘。学外语的人,不是经常会因为记不住生词而苦恼吗？一个词学过了,很快就忘了,下次遇到了,只好查词典,这时你才知道已经学过。可是不久,你又遇到这个词,好像又是初次见面,你只好再查词典。查过之后,你会怨自己:脑子怎么这么差,这个词怎么老也记不住！其实,并不是你的脑子差,而是学过的东西时间久了,在你的脑子中变成了沉睡的记忆,要想不忘,就需要经常唤醒它,激活它。"汉语风"分级读物,就是为此而编写的。

为了"激活记忆",学外语的人都有自己的一套办法。比如有的人做生词卡,有的人做生词本,经常翻看复习。还有肯下苦功夫的人,干脆背词典,从A部第一个词背到Z部最后一个词。这种做法也许精神可嘉,但是不仅过程痛苦,效果也不一定理想。"汉语风"分级读物,是专业作家专门为"汉语风"写作的,每一本读物不仅涵盖相应等级的全部词汇、语法现象,而且故事有趣,情节吸引人。它使你在享受阅读愉悦的同时,轻松地达到了温故知新的目的。如果你在学习汉语的过程中,经常以"汉语风"为伴,相信你不仅不会为忘记学过的词汇、语法而烦恼,还会逐渐培养出汉语语感,使汉语在你的头脑中牢牢生根。

"汉语风"的部分读物出版前曾在华盛顿大学(西雅图)、范德堡大学和加州大学戴维斯分校的六十多位学生中试用。感谢这三所大学的毕念平老师、刘宪民老师和魏苹老师的热心组织和学生们的积极参与。夏威夷大学的姚道中教授、加州大学戴维斯分校的李宇以及博士生Ann Kelleher和Nicole Richardson对部分读物的初稿提供了一些很好的编辑意见,在此一并表示感谢。

Foreword

When it comes to learning a foreign language, relying on a set of textbooks or spending time in the classroom is not nearly enough. Memory is eroded by time; you keep forgetting what you have learned. Haven't we all been frustrated by our inability to remember new vocabulary? You learn a word and quickly forget it, so next time when you come across it you have to look it up in a dictionary. Only then do you realize that you used to know it, and you start to blame yourself, "why am I so forgetful?" when in fact, it's not your shaky memory that's at fault, but the fact that unless you review constantly, what you've learned quickly becomes dormant. The *Chinese Breeze* graded series is designed specially to help you remember what you've learned.

Everyone learning a second language has his or her way of jogging his or her memory. For example, some people make index cards or vocabulary notebooks so as to thumb through them frequently. Some simply try to go through dictionaries and try to memorize all the vocabulary items from A to Z. This spirit is laudable, but it is a painful process, and the results are far from sure. *Chinese Breeze* is a series of graded readers purposely written by professional authors. Each reader not only incorporates all the vocabulary and grammar specific to the grade but also contains an interesting and absorbing plot. They enable you to refresh and reinforce your knowledge and at the same time have a pleasurable time with the story. If you make *Chinese Breeze* a constant companion in your studies of Chinese, you won't have to worry about forgetting your vocabulary and grammar. You will also develop your feel for the language and root it firmly in your mind.

Thanks are due to Nyan-ping Bi, Xianmin Liu, and Ping Wei for arranging more than sixty students to field-test several of the readers in the *Chinese Breeze* series. Professor Tao-chung Yao at the University of Hawaii. Ms. Yu Li and Ph.D. students Ann Kelleher and Nicole Richardson of UC Davis provided very good editorial suggestions. We thank our colleagues, students, and friends for their support and assistance.

主要人物和地方名称
Main Characters and Main Places

祝员外 Zhù yuánwài
A Ministry Councillor, living at Zhujiazhuang, Zhu Yingtai's father

祝英台 Zhù Yīngtái
Zhu Yuanwai's daughter, a girl student at Wan-song College

银心 Yínxīn
A maidservant, who cares for Zhu Yingtai

梁山伯 Liáng Shānbó
A boy student at Wan-song College, who does really love Zhu Yingtai

浙江省 Zhèjiāng Shěng: Zhejiang Province
上虞市 Shàngyú Shì: Shangyu City, a city in Zhejiang Province
祝家庄 Zhùjiāzhāng: a village in Shangyu City
杭州 Hángzhōu: a city in Zhejiang Province
万松书院 Wànsōng Shūyuàn: a famous college at Hangzhou
会稽 Kuàijī: a city in Zhejiang Province
草桥 Cǎoqiáo: a place on the way from Zhujiazhuang to Hangzhou

草桥 Cǎoqiáo: a place on the way from Zhujiazhuang to Hangzhou
长亭 Chángtíng: a small town beside a big river

文中所有专有名词下面有下画线，比如：<u>祝员外</u>
(All the proper nouns in the text are underlined, such as <u>祝员外</u>)

目 录
Contents

1. 离开家去学校
   Leave home for school 1

2. 哥哥和"弟弟"
   Elder brother and "younger brother" 13

3. 在学校的日子
   Days at school 25

4. 送"弟弟"走了十八里路
   Send "younger brother" 18 miles away 37

5. 在楼台上见面
   Meet at a high building 43

6. 漂亮的蝴蝶飞出来
   Beautiful butterflies fly out 50

生词表
Vocabulary list 56

练习
Exercises
.... 60

练习答案
Answer key to the exercises
.... 67

这个故事在中国已经讲了很久很久。一千多年了,人们一直在说着、唱着、演着、画着,后来还常常把它写进报纸、杂志和书里,搬到电影和电视上。全中国的男人、女人,老人、小孩儿,差不多都知道这个故事。这故事有点儿苦,但是很美,很美……

1. 离开家去学校

　　一千六百多年以前，在现在的浙江省上虞市，有个地方叫祝家庄。祝家庄里的人都姓祝，最有名的人是祝员外。祝员外很有钱¹，也有一些文化。他有一个女儿，名字叫作²祝英台。祝员外特别喜欢这个女儿，非常疼她。那时候，中国只有男孩子可以去学校学习，女孩子不能去，所以，女孩子一般都不认识字。但是，祝英台不一样。从她小的时候开始，祝员外就让人在家里教她写字、唱歌、画画儿。所以，在很小的时候，祝英台就有了学习的习惯。她喜欢看书，喜欢玩儿，喜欢运动，喜欢新东西，一直过得很快乐。

　　慢慢地，祝英台十几岁了，长成了一个大女孩儿，而且长得很漂亮。她非常喜欢学习，常常在灯下学习到

---

1. 有钱 yǒu qián: rich, wealthy
2. 叫作 jiàozuò: be called, named

1. 离开家去学校

很晚，她看的书越来越多，也知道了很多历史故事。通过看书，她懂得了外边的世界很大，有很多更有意思的事情，比祝家庄要有意思得多。她看的书越多，对祝家庄以外的事情懂得越多，对外边的世界就越有兴趣。

浙江有个城市，叫作²杭州。杭州是个大城市，离祝家庄很远，有两百多里，从祝家庄走路到杭州要走四五天。有一天，祝英台听说杭州城里有个万松书院，是个非常好的学校。学校的老师特别有名，一些别的地方的年轻人[3]也到那里去跟老师学习。听了以后,祝英台心动[4]了。她想,如果自己也能走出家门[5],像那些年轻人[3]一样去杭州的学校,那该多好啊!可是,自己是个女孩子,爸爸妈妈能同意[6]吗?那个时候,有钱[1]人家的女孩子只能生活在自己家里,不能到家门[5]外边去活动,更不要说跑到这么远的地方和男孩子一起学习了。

可是,祝英台太想去杭州的学校学习了。她把自己的想法[7]告诉了父母。跟她想的一样,爸爸妈妈说什么也不让她去。

"在外边学校学习的都是男孩子,哪有女孩子到学校里去的?"爸爸不高兴地说。

"孩子啊,你爸爸说得对,一个女孩子跟男人在一起学习,怎么生活,怎么活动啊?杭州离家又那么远,我们也没办法照顾你呀。"妈妈最疼女儿,更想把女儿留在家里。

3. 年轻人 niánqīngrén: young people
4. 心动 xīndòng: one's mind is perturbed, interest is aroused
5. 家门 jiāmén: the gate of a house
6. 同意 tóngyì: agree
7. 想法 xiǎngfǎ: idea

1. 离开家去学校

英台懂得，爸爸妈妈讲的都有道理[8]。可是，她真想多读一些书，真想看看外面的大世界！一年、两年、十年、二十年……都只能在祝家庄生活、学习，多没意思啊！

爸爸妈妈不让她走出家门[5]，英台没有办法，可是她心[9]里总是想着去杭州学习的事。三天了，她一直躺在床上。小保姆[10]银心给她拿来好吃的饭菜，有她最喜欢吃的饺子、烤鸭，还有苹果和一些别的水果，她一点儿都没吃，连茶水也喝得很少。爸爸妈妈很着急[11]，孩子这样不吃不喝，要是饿坏了怎么办？而且他们只有这么一个女儿。

又过了一天，英台还是躺在床上不吃不喝，她原来红红的脸已经变得有些黄了。父母更着急[11]了。他们马上找来大夫[12]给英台看病，又叫银心去买了几种药让她吃了。可是，又过去了三天，英台还是躺在床上不能起

---

8. 道理 dàolǐ: reason, sense
9. 心 xīn: heart
10. 保姆 bǎomǔ: maid, maidservant (in China)
11. 着急 zháojí: worry
12. 大夫 dàifu: doctor

来，急得祝员外不知道怎么办才好。

那天上午，祝员外马马虎虎吃完早饭，突然从西边来了一个算命[13]先生。算命[13]先生不高，脸有点儿黑，穿着白色的长衫、黑色的外套和黑色的裤子。衣服长长的，穿在他身上有点儿大，被风一吹，衣服就跟着来回动。他的头上还戴着一个高高的帽子[14]，看起来[15]也不太合适。

见到算命[13]先生，祝员外马上把

13. 算命 suàn mìng: fortune telling
14. 帽子 màozi: hat
15. 看起来 kàn qǐlai: look, seem

1. 离开家去学校

他请进客厅，指着桌子旁边的一把椅子，请他坐下，<u>银心</u>给他送来一杯茶。<u>祝员外</u>把女儿的生日和生病的情况都告诉了<u>算命</u>[13]先生，让他给算一算女儿这是什么问题，请他想个办法，让女儿快快好起来。

<u>算命</u>[13]先生右手拿着茶杯，左手不停地动着，好像在数着什么，一边数，嘴里还一边不停地念着。他说得很轻，不知道念些什么。念完以后，他低头想了一会儿，然后对<u>祝员外</u>说："你家小姐是心病[16]。她要是还住在家里，这样发展下去，病会越来越重。要想好起来，没有别的办法，只能让她离开家，最好走得远一点儿。"

<u>算命</u>[13]先生的话说得很慢，听起来也不很清楚，像感冒了一样。他喝了一口茶，停了停，又接着说："要是能让她到外边的学校里学习学习，锻炼锻炼，对她就更好了，她会非常健康愉快的。"

<u>祝员外</u>一听，又急了："女孩子离开家出去学习……这怎么能行！怎么

---

16. 心病 xīnbìng: secret trouble, anxiety in heart

能行呢?"算命¹³先生说:"小姐的病很特别,特别的病只能用特别的办法。像这种心病¹⁶,如果不出去的话,会很麻烦,她的情况会越来越糟糕的。"

祝员外心疼¹⁷女儿,最怕她的身体有什么问题,听到这里,忙说:"好,好,我听你的!让她出去,只要她能健康快乐。"

祝员外的话还没说完,算命¹³先生突然笑了起来,他对着祝员外大声地说:"爸爸!谢谢,谢谢你让我去外

17. 心疼 xīnténg: feel distressed

边的学校!"然后,"算命[13]先生"取下头上戴的帽子[14],又脱下穿在外边的长长的衣服。

祝员外一看,他真有点儿不相信自己的眼睛了,这个"算命[13]先生"原来是自己的女儿祝英台!银心从厨房拿来了水,帮英台洗了脸,黑脸的"算命[13]先生"马上就变成了祝家的那个年轻漂亮的小姐。

祝员外的眼睛变得又圆又大,很长时间才说出话来:"原来是你!你这个不懂事的孩子!为了出去学习,穿着男人的衣服来骗[18]我!真会开玩笑!"他非常不高兴,对英台叫着。

祝英台说:"爸爸,对不起!您别不高兴,您听我说。刚才我穿着男人的衣服,连您都看不出来[19],别人就更看不出来[19]了。我把女孩子的衣服换下来,穿得像个男孩子的样子,这样去杭州的学校学习,不就没问题了吗?"

"那也不行!女孩子在家里学习不就够了吗?去学校干什么?"祝员外还

---

18. 骗 piàn: cheat, deceive
19. 看不出来 kàn bu chūlái: not be found

是很不高兴。

"爸爸，您以前告诉过我，历史上一些有名的女人，她们不但读过很多书，还去过很多地方！她们可以走出家门[5]，我为什么就不能呢？"

女儿讲得不错，但是他还是不愿意让英台出去。他说："学习文化是好事，可是外边的学校里都是男孩子，一个女孩子跟他们在一起是很不方便的！"

"爸爸，我还是孩子的时候您就给我讲过，花木兰是个女孩子，她穿着男人的衣服去外边帮爸爸打仗[20]，每天都跟男人在一起，一直到回家以后别人都没发现她是个女人。爸爸，您忘了吗？""花木兰是花木兰，你是你！"祝员外没有别的话可说了。

这时候，保姆[10]银心在旁边说："员外，您放心，我也穿上男人的衣服，变成男孩子的样子，小姐当学生，我就当她的书童[21]。我会陪着小姐，一会儿也不离开她，每天从早到晚不离开她的周围，好好儿照顾她。"

---

20. 打仗 dǎ zhàng: fight, go to war
21. 书童 shūtóng: boy attendant at school

那时候，有钱¹人家的男孩子去学校，都有个书童²¹陪着，书童²¹和男孩子差不多大小，书童²¹照顾男孩子的生活，陪着他学习。祝英台也笑着对祝员外说："爸爸，您就把心⁹放在肚子里吧，我会照顾好自己的。"

祝员外了解自己的女儿，从小的时候开始，她想好要做的事，就一定要去做。看来²²，这次要出门²³学习又是不能改变²⁴的了。没办法，只好让她去了。不过，他告诉女儿，时间不能太长，学够了三年就回来。家里要是有大事，会立刻写信告诉她，收到家里寄的信，就要马上回来。

"爸爸，您放心，您的话我都记住²⁵了。"英台高兴得跳了起来。

可是，妈妈还是不放心，她对英台说："在外边一定要多多注意²⁶，千万²⁷不能马马虎虎的，不能让别人知道你是女孩子。"她又对银心说了很多

22. 看来 kànlái: it seems..., look likely
23. 出门 chū mén: go out
24. 改变 gǎibiàn: change
25. 记住 jìzhù: remember, bear in mind
26. 注意 zhùyì: take care, be careful
27. 千万 qiānwàn: be sure to...

话，让她一定要照顾好小姐，不要出什么问题。银心也点着头，记在心⁹里。

　　祝英台和银心很快收拾好行李，带着书、笔和一些生活用的东西，她们两个人穿上了男人的衣服，包里又放了几套干净的，准备换和洗。英台戴着学生的帽子¹⁴，银心戴着书童²¹的帽子¹⁴。她们跟家里人说了再见以后，高兴地出了家门⁵，去杭州的学校学习去了。

Want to check your understanding of this part?
Go to the questions on page 60.

2. 哥哥和"弟弟"

那时候没有汽车、火车和飞机，从祝家庄到杭州只能靠双[28]脚走着去。刚从家里出来，英台就对银心说："要记着，从现在开始，咱们两个就是男孩子了。"说完两个人你看看我，我看看你，觉得自己就像男孩子，别人一点儿问题也看不出来[19]。

第一次走出家门[5]，第一次看到外面的世界，她们觉得眼睛都不够用了，看到什么都觉得有意思。

这时候正是春天，太阳照得人很暖和[29]。往远看，山已经有点儿绿了，往近看，路旁边也是绿的，有一片一片的草[30]和树。在草[30]和树中间，很多花儿都开了，花儿的颜色有红的、黄的、白的……那些花儿被轻轻的风吹着，前后左右慢慢地摆，像跳

28. 双 shuāng: pair
29. 暖和 nuǎnhuo: warm
30. 草 cǎo: grass

舞一样，特别好看。路旁边有一条小河，河里有很多小鱼正在快乐地游泳。河里的水好像唱着歌一样，陪着她们向前走。想着能去外边的学校学习，能看到这么美丽的风景，不但祝英台特别高兴，连银心都为她高兴！她们没办法安静[31]地走，一会儿跑，一会儿跳，一边走着，嘴里还不停地说着唱着。她们像两只快乐的小鸟[32]，在蓝天[33]白云[34]，红花绿树中间飞来飞去[35]，从来没有这么舒服[36]和愉快过。

这一天，快到中午的时候，她们走到草桥[36]这个地方。在路的旁边有个亭子[37]，叫草桥亭。祝英台她们走得热了，也累了，就走进亭子[37]里，坐下来，打算休息一下。

这时候，英台看见路上有一个老人，拿着一个很重的包，向草桥亭走

31. 安静 ānjìng: quiet
32. 小鸟 xiǎoniǎo: bird, little bird
33. 蓝天 lántiān: sky, blue sky
34. 白云 báiyún: cloud, white cloud
35. 飞来飞去 fēilái-fēiqù: fly around
36. 舒服 shūfu: comfortable
37. 亭子 tíngzi: pavilion

来。他走得很慢,看样子[38]已经很累了,马上就要走到亭子[37]的时候,老人突然倒下去,包也掉在了地上[39]。英台立刻站起来,跑过去。她跑到老人旁边,看着老人问:"老爷爷,您怎么了,需要帮助吗?"老人的脸和手都很黑,穿的衣服很旧,有的地方还坏了。老人告诉她,自己是给有钱[1]人家打工的,现在正给别人搬东西,一整天[40]都没吃饭,饿得走不动了。英台听了,赶快[41]回到草桥亭,把自己带的吃的东西拿过来让老人吃,还把自己带的钱拿出一些,送给老人。老人看着英台,眼睛有点儿红了,他对英台说:"我是个没有钱的老人,我们也不认识,你给我这么多的帮助,太谢谢你了!"英台笑着说:"不客气,这不算什么,帮助老人小孩儿、帮助有困难[42]的人是每个人应该做的呀。"

38. 看样子 kàn yàngzi: look, seem
39. 地上 dìshang: on the ground
40. 一整天 yìzhěngtiān: the whole day, all day
41. 赶快 gǎnkuài: quickly, hurry up
42. 困难 kùnnan: difficulty, hardship

　　这一切被两个刚走过来的男孩子看见了。这两个男孩子,十七八岁的样子。一个长得比较高,脸比较白,头上戴着学生帽子[14]。另一个不太高,头上戴着书童[21]帽子[14]。他们也正要[43]到草桥亭休息。看到这个情况,他们赶快[41]走过来,和英台、银心一起,帮助老人坐到亭子[37]里,让他吃饭休息。老人太饿了,他大口大口地吃东西。一会儿,老人吃饱了,急着要走,他要去给有钱[1]人送那一包

---

43. 正要 zhèngyào: be about to (do sth.)

2. 哥哥和"弟弟"

东西。

　　高一点儿的男孩子把自己带的吃的送给老人，让他留着路上吃。还拿出自己带的一套新衣服，对老人说："拿着吧，这衣服的大小你穿应该挺合适的。"老人看着这么热情[44]帮助自己的几个年轻人[3]，觉得心[9]里暖和[29]极了[45]，他不停地说："你们真是好人哪，谢谢你们，谢谢你们呀！"几个人把老人送到路上，看着老人走得很远了，才回到草桥亭。

　　这时候，他们才有机会[46]坐下来互相[47]聊一会儿。刚才的事，让他们觉得好像有点儿认识了，也有点儿了解了。高一点儿的男孩子对祝英台她们说："你们好，请问两位贵姓？家住哪儿？你们要去哪里？"祝英台回答说："我的名字叫祝英台，是上虞祝家庄的。"然后指着银心说："她叫银心，我的书童[21]。请问，您贵姓？您是有文化的人，对不对？"

44. 热情 rèqíng: enthusiasm
45. 极了 jíle: great, extremely
46. 机会 jīhuì: opportunity, chance
47. 互相 hùxiāng: each other

梁山伯与祝英台的故事

　　长得高的男孩子说:"介绍一下,我是会稽的梁山伯,这位是我的书童21,名字叫四九。我现在要去杭州万松书院学习。"祝英台一听,立刻高兴地说:"啊,原来咱们是去同一个地方呀,我们可以一起走啊。"

　　听到有人可以一起走,银心高兴地对祝英台叫起来:"小姐,太好了……"话刚说出来,就发现自己说错了,她忙改过来,说:"小姐要是也能一起出来多好呀！"梁山伯看看祝英台，又看看银心，他没懂这句话的意思。

祝英台对梁山伯说："啊，是这样，我有个妹妹——小九妹，能写字，会画画儿，喜欢音乐，懂历史，她有很多爱好。这次我到杭州学习，她也要来，说女孩子也应该出去学习，也应该知道外面的大事。可是父亲就是不让，结果她只好留在家里了。"

梁山伯说："男孩子女孩子都是父母生的，女孩子当然[48]也应该到学校学习，她不能来真可惜，以后有机会[46]你一定要带小九妹出来学习呀！"

听了梁山伯的话，祝英台十分[49]高兴。这个梁山伯，说出了自己想说的话。那时候差不多没有人认为女孩子应该去学校，梁山伯能为女孩子出来学习说话[50]，祝英台马上觉得自己和他近了很多，觉得梁山伯是个懂自己的人。

梁山伯想着刚才在草桥亭看见的

---

48. 当然 dāngrán: of course, certainly, sure
49. 十分 shífēn: very
50. 说话 shuō huà: speak, talk

一切，他发现英台是个爱学习有文化的人，而且还愿意帮助别人，特别是帮助有困难[42]的人。他细看了一下，这个祝英台脸很白，眼睛大大的，嘴红红的，虽然长得不太高，看样子[38]身体也很轻，但是说话[50]做事很不简单，而且笑起来像个可爱的小弟弟。他很愿意和这样的人做朋友做兄弟[51]。

梁山伯走到祝英台前面，对她说："祝先生，不好意思，我有一句话，不知道应该说还是不应该说，也不知道你愿意听还是不愿意听。"祝英台说："不客气，我们以后就是同学了，有话你就说吧。没关系，只要不是坏消息，我都愿意听。"

梁山伯停了一下，认真地说："我没有哥哥弟弟，也没有姐姐妹妹。虽然以前咱们不认识，但是今天第一次见面，就觉得你是一个可以做朋友的人。我想和你做朋友，而且还想和你做兄弟[51]，你看怎么样？"说完看着祝英台的眼睛，等着她回答。

听了梁山伯的话，祝英台觉得心

---

51. 兄弟 xiōngdì: brother(s)

20

动⁴了一下,她不知道怎么说才好,就没有马上回答。梁山伯见她没说话⁵⁰,以为她不同意⁶,急得脸一会儿红,一会儿白,他真怕没有机会⁴⁶了。

祝英台想,遇到⁵²梁山伯这样的人,真是件不容易的事。在女孩子离开家去学校学习这个问题上,差不多所有的人都说不应该,可是他能和自己想的完全一样,而且他爱学习,愿意帮助别人。现在自己是"男孩子",在学校里,能有这样的朋友和兄弟⁵¹是件好事啊,而且……这个梁山伯还长得那么棒!想到这里,她对梁山伯说:"没问题,离开家在外边正需要有朋友帮助。咱们一起学习就是同学,再加上兄弟⁵¹关系,就更深了一层。以后学习有人帮助,生活有人照顾,对你对我都是好事,我当然⁴⁸愿意。"

听祝英台这么说,梁山伯一下子放心了,他笑着说:"那好,我们现在就对着天,对着河,对着山,对着太阳,告诉所有人——我们是兄弟⁵¹!"

银心和四九拿来杯子和水,还有

---

52. 遇到 yùdào: encounter, run into

一些吃的东西，摆在草桥亭的长椅子上。梁山伯和祝英台走到亭子37前面站好。

梁山伯比祝英台大两岁，他倒了两杯水，自己拿了一杯，给祝英台一杯说："祝弟弟，咱们用水当酒……"他双28手举着杯子，先对着天，又对着祝英台说："祝弟弟！从今天起，你就把我当你的哥哥，你就是我弟弟！"
祝英台也学着梁山伯的样子，双28手举杯，先对着天，又对着梁山伯说："梁哥哥！以后你就把我当你的弟弟，你就是我哥哥。"然后,两个人都把杯子里的水一口喝完。他们连着喝了三杯,叫了三遍"梁哥哥""祝弟弟"。然后又把水倒在自己的周围和脚下[53]。

最后,梁山伯一字一句地说:"从现在开始,我们就是一家人了。祝弟弟,将来在任何时候、任何地方,我都会帮助你、照顾你。"祝英台立刻接着说:"梁哥哥,你放心,我会一直和你站在一起。以后咱们学习在一起,快乐在一起,有苦的事和难的事也要在一起。"

梁山伯和祝英台成了兄弟[51],特别高兴。银心和四九当然[48]也十分[49]高兴,两个书童[21]也成了好朋友。

现在梁山伯和祝英台是同学、朋友加兄弟[51],他们一起向杭州走去,一路上[54]有说有笑[55],讲过去,说现在,聊将来。梁山伯和祝英台都爱学习,都懂很多东西,所以特别能谈到一起。他们最喜欢聊中国的历史和文

---

53. 脚下 jiǎoxià: under one's feet
54. 一路上 yílùshang: all the way
55. 有说有笑 yǒu shuō-yǒu xiào: talking and laughing

化，只要提起来[56]，就有很多话要说。祝英台发现，梁山伯肚子里的历史故事多极了[45]，而且他很会讲故事，常常讲到一半[57]，或者是讲到最紧张的地方就停下来。这一停，把大家急得又叫又跳，因为谁都想快一点儿知道结果怎样了。这时候，梁山伯就把午饭或者早饭、晚饭准备出来，要求大家吃完饭，他再接着讲。

去杭州学习的路上，他们过得非常愉快。他们有的时候[58]坐下来休息一会儿，有的时候[58]跑跑跳跳，运动一会儿。一路上[54]，大家一起玩儿，一起吃饭，一起聊天儿唱歌讲故事，还常常开玩笑。朋友加兄弟[51]的年轻人[3]在一起，比什么都快乐。

Want to check your understanding of this part?
Go to the questions on page 60–61.

56. 提起来 tí qilai: start to talk, strike up a conversation
57. 一半 yíbàn: half
58. 有的时候 yǒu de shíhou: sometimes

3. 在学校的日子

梁山伯和祝英台他们翻过几座小山，又过了几条小河，走了很多的路，最后在一天的下午，到了杭州万松书院。万松书院的老师是个很有经验、水平很高的老先生。老师听说这两个学生从很远的地方来，非常热情[44]地欢迎他们。他们向老师简单地介绍了自己，还说一定要跟老师好好儿学。老师见这两个学生穿戴很干净，对学习很有兴趣，而且说话[50]清楚，也很懂事，是两个非常可爱的年轻人[3]，很喜欢他们。

因为梁山伯和祝英台是一起来的，老师就让他俩在一张桌子上学习。两人很高兴。只是英台在心[9]里对自己说，现在和以前不同了，周围全都是男同学，自己要快点儿习惯新的生活。一定注意[26]，别让周围的人看出来自己是女孩子。

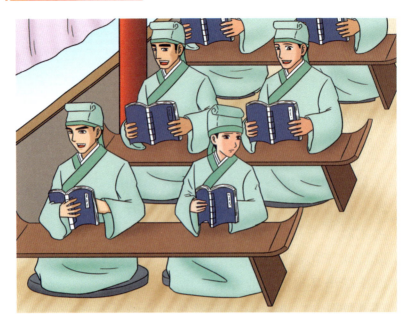

　　第一天上课的时候，老师让大家写字。祝英台很小的时候就开始练习写字，爸爸有空儿的时候，也常常看着她写，告诉她这里应该怎么写，那里应该怎么写，所以她的字写得挺不错。她写了一会儿，抬[59]起头，看了看旁边，这一看，她的眼睛一下就张得圆圆的，说不出话来。原来，梁山伯的字写得非常非常漂亮！她真没想到，这个又高又大的男孩子不但懂很

---

59. 抬 tái: raise, lift up

多知识[60],会讲很多故事,而且还能写出这么好看的字,以后自己真该跟他好好儿学学。她心[9]里更喜欢这个梁哥哥了。

老师每天都给学生讲一些新东西,而且认真地检查他们学习的情况。老师常常告诉他们,除了要认真学习知识[60]以外,还要认真做事、做人[61],要做个好人。

梁山伯和祝英台在学习上特别努力,上课的时候他们听得非常认真,特别是祝英台,觉得自己出来学习很不容易,老师讲的每一个字、每一句话都细细地[62]听。不懂的地方,就马上问,而且一定要问清楚。梁山伯发现,祝英台学新东西很快,老师提问题的时候,他们班里差不多总是英台最先回答出来。梁山伯很喜欢这个学得快、学得好的弟弟。

梁山伯怕自己的学习比祝英台差,祝英台也怕自己的学习比梁山伯差,所以每天早上,他们都很早就起

---

60. 知识 zhīshi: knowledge
61. 做人 zuò rén: be a man
62. 细细地 xìxì de: very carefully

床开始看书。晚上,月亮出来了,他们还在灯下学习。有的时候[58]都到晚上十一二点了,他们还不休息,两个人都想学得更多更好。

后来,梁山伯还想出一个比赛的办法。他们先买来一些自己喜欢的小东西,像书啊,笔啊,画儿啊,然后开始学习。

常常是祝英台先拿着书,对梁山伯说:"我来念,你来写。"过一会儿,两个人再换过来。他们要比比,看谁错得少。有时候,一个人装成老师提问题,一个人当学生来回答。回答不对,或者错得多的人,就不能拿到喜欢的小东西了。最后比比看,谁得到[63]的礼物多。经过一段时间的努力,两个人进步都很大。

除了学习,他们每天还要运动一会儿,或者跑,或者跳,或者打太极拳,连下小雨下小雪的时候都不停。同学过生日的时候,他们就给自己放假,让银心、四九到附近的商店、饭馆儿买瓶酒、买些吃的请客,同学们

---

63. 得到 dédào: get, obtain

3. 在学校的日子

都非常高兴。

梁山伯总是觉得自己是哥哥,所以对祝英台特别照顾。在所有事情上,都帮着祝英台。祝英台嘴上虽然没有说谢谢,可是,她心⁹里总想着也要帮助梁山伯。

有一次梁山伯感冒了,发烧咳嗽,不能上课,祝英台马上去买了药。他生病的时候想家,她就在宿舍陪着他说话⁵⁰,陪着他在学校里慢慢活动……梁山伯觉得这个弟弟真懂事,对自己太好了。

有个姓马,叫马文才的同学,是个有钱¹人家的孩子。他认为家里有钱¹,所以自己不用学习,进学校就是装样子⁶⁴,自己想做什么就做什么,想怎么玩儿就怎么玩儿。上课的时候,他不是睡觉就是找别人的麻烦,每次考试,他都考得最差。下课的时候,他乱跑乱叫。没课的时候,他也不让别人休息。有的时候⁵⁸他还出去到饭店喝酒,喝多了,回来还想打人。老师也拿他没办法。

他特别喜欢在同学里边找长得小、身体轻的人的麻烦。有一天,他用脚踢一个小同学的椅子。那个同学换了一个地方坐下,他又跟过来继续踢。小同学越是坐不住⁶⁵,要倒下去了,他就越高兴!祝英台看到后,指着他的鼻子说:"停下,你不能踢别人的椅子!"马文才说:"停下?我还没踢够呢。"祝英台说:"你不停?"祝英台开始叫同学们:"大家快来看,马文才在做坏事呢!"这次马文才不高兴了,过来踢祝英台的椅子。

64. 装样子 zhāng yàngzi: pretend, put on an act
65. 坐不住 zuò bu zhù: hardly sit still on chair

3. 在学校的日子

这时候，很多同学过来了，梁山伯走在最前面，对马文才说："立刻停下来，要不然[66]我就不客气了！"马文才看了他一眼，冷冷地笑了笑，没说话[50]，还是接着踢。

梁山伯指着在教室门旁边放着的一根木棍[67]说："你要是再不停下来，就让你像这根木棍[67]一样。"说完，他走过去，举起手重重地打在木棍[67]上。这根木棍[67]只比桌子腿细一点儿。梁山伯的手打下去，只一下，木棍[67]

66. 要不然 yàoburán: otherwise
67. 木棍 mùgùn: stick

就变成了两段。马文才一看,有点儿怕了,身体都不会动了,眼睛也不会转了……过了半天,他的身体和眼睛才又开始活动。

从这件事以后,马文才看见梁山伯,总是低着头,只要梁山伯在,马文才就安静³¹不少。梁山伯不怕有钱¹人,愿意为同学说话⁵⁰办事⁶⁸,大家都很喜欢他。祝英台更为有这样的哥哥高兴。

慢慢地他们俩了解得更深了。祝英台越来越喜欢这个梁哥哥,梁山伯呢,当然⁴⁸也越来越喜欢这个虽然长得不算高,但是一点儿都不怕坏人⁶⁹,还常照顾自己的祝弟弟。

可是,祝英台在学习生活中,有的时候⁵⁸挺难的。学生都住在学校的宿舍里,一般是两个人一个房间。一开始,老师以为祝英台是男孩子,就让祝英台和梁山伯住在一个房间里了。因为周围全部都是男同学,所以祝英台从睡觉、上厕所、进教室、去餐厅,到穿衣服、戴帽子¹⁴,所有的

---

68. 办事 bàn shì: work for someone else
69. 坏人 huàirén: bad person

活动都非常注意[26]。

她和梁山伯离得最近,为了不让梁山伯发现自己是女的,她搬来一个装书的箱子,放在两个人床的中间。箱子上放了一个碗,碗里装着水。她对梁山伯说:"梁哥哥,咱们是兄弟[51],所有的事情我都听你的,但是有一条你必须听我的,而且你必须要做到,你要是做不到,咱们就永远都不是兄弟[51]了。"

梁山伯看祝英台十分[49]认真的样子,也紧张起来,眼睛一直看着她问:"祝弟弟,什么事?很难做到吗?"祝英台说:"我从小的时候开始,睡觉就有个习惯,就是周围必须特别安静[31],要是不安静[31]就一夜都不能睡觉。晚上睡不好觉,第二天白天[70]就头疼,而且,身体会特别不舒服[36],什么也做不了。如果那样,我只能离开学校回家了。"梁山伯说:"呀,那怎么办?"祝英台接着说:"梁哥哥,没有别的,就是要求你睡觉的时候,不能一会儿翻过来,一会儿翻

70. 白天 báitiān: daytime

过去地动。我在床的中间放上一碗水,你如果乱动让碗里的水流出来,那就对不起,我就不要你这个哥哥了,而且我还要告诉老师,让老师收拾你。"梁山伯听了,笑了起来:"我以为是什么大事呢,这太简单了,没问题,你放心,我一定能做到。"为了让弟弟休息好,梁山伯当然[48]照着要求去做。在卧室里,他总是很轻很慢地走路和活动,他一直没发现祝英台是女的。周围的人也一直没发现祝

英台是女的。

可是祝英台装成男孩子的事,早就被师娘[71]发现了。有一天,师娘[71]把祝英台叫去,问她为什么。祝英台说,自己是为能出来学习才这样做的,希望师娘[71]千万[27]别对别人说,要是让别人知道了,自己就不能继续在这里学习了。师娘[71]很懂这个女孩子,知道她特别爱学习,她让祝英台放心,她知道哪些应该说,哪些不应该说。以后,师娘[71]在生活上更加照顾这个可爱的女孩子了,祝英台有什么难事和心[9]里的话也都愿意对师娘[71]讲。

时间过得很快,春天过去,夏天就来了,秋天走了,冬天又到了。很快,一年过去了,不久,又一年过去了……梁山伯和祝英台已经在学校学习了三年。他们成了谁也不能离开谁的好"兄弟[51]"。

一天,祝英台接到家里的信,说她的父亲病了,很想她,让她快点儿回去。祝英台急了,很想快回家看看

71. 师娘 shīniáng: wife of one's teacher

生病的父亲，可是又想着梁山伯。她不知道回家以后还能不能再回到学校。

祝英台向老师请假[72]后，就去找师娘[71]，告诉师娘[71]自己明天就要走了，走前要对师娘[71]说说自己心[9]里的话。

她对师娘[71]说，自己和梁山伯一起学习和生活的时间不短了，对他的了解已经很深。梁山伯对人热情[44]，爱学习，愿意帮助人，是个非常好的人。一开始，自己只把他当个好哥哥，后来看见他做事做人[61]的情况，越来越喜欢他，再后来，自己就深深地爱上了他，而且离不开他了。她想以后和他做夫妻[73]。祝英台请师娘[71]在她走后，让梁山伯去她家提亲[74]。师娘[71]也认为祝英台看得不错，梁山伯真的是个非常棒的男人，他们两个人做夫妻[73]正合适，她从心[9]里愿意帮这个忙。

Want to check your understanding of this part?
Go to the questions on page 61.

72. 请假 qǐng jià: ask for leave
73. 夫妻 fūqī: couple, husband and wife
74. 提亲 tí qīn: propose marriage to a girl

4. 送"弟弟"走了十八里路

第二天早上,祝英台走的时候,梁山伯去送她。在路上,他们说起[75]在一起生活的日子,都觉得很愉快,不能忘。他们走过一个路口又一个路口……祝英台很想向梁山伯说出自己的情况和想跟他做夫妻[73]的意思,可是话到嘴边,又收回去了。

祝英台觉得这话很难说出来。梁哥哥一直把自己当弟弟,以为自己是男孩子。他怎么也想不到自己是女的,而且已经深深爱上他了。现在自己要走了,不知道什么时候才能再见面。虽然心[9]里的意思必须让他知道,可是怎么说才好呢?怎么才能让他懂呢?她想不出办法来,心[9]里急坏了,脚也走得慢了。后来,看找不到合适的机会[46],就只好借着周围的事情打比方[76],想让他知道自己的意思。

75. 说起 shuōqǐ: bring up (a subject), begin talking about
76. 打比方 dǎ bǐfang: as an analogy

前面有一条河，河水慢慢地流，有一对⁷⁷大鹅⁷⁸在河里游着找小鱼吃，两只鹅⁷⁸的身体全是白白的，嘴是黄的，头上有一块儿⁷⁹红。一只鹅⁷⁸抬⁵⁹着头，对着旁边那个鹅⁷⁸在叫。祝英台就指着那对⁷⁷大白鹅⁷⁸，说："梁哥哥，你看河里那对⁷⁷大白鹅⁷⁸，公鹅⁸⁰在前边游泳，母鹅⁸¹在后面叫哥哥，像不像你在前边走，我在后面叫你

77. 对 duì: couple, pair
78. 鹅 é: goose
79. 一块儿 yíkuàir: a piece of sth.
80. 公鹅 gōng'é: gander
81. 母鹅 mǔ'é: female goose

呢？"梁山伯说："它们是公鹅[80]母鹅[81]，我们是哥哥弟弟，这怎么能比？"梁山伯没懂她的意思，继续往前走。祝英台看他没听懂，开玩笑地说："你呀，就是一只傻[82]鹅呀。"梁山伯问："我怎么是傻[82]鹅呢？"祝英台看着梁山伯十分[49]认真的样子，真不知道该哭[83]还是该笑，觉得这个梁哥哥真是傻[82]得可爱。

又走了一会儿，祝英台看见水里有一些鸳鸯[84]，鸳鸯[84]身体上的毛有红的绿的白的蓝的黄的，就像穿着漂亮的花衣服，特别好看。祝英台就指着水里的鸳鸯[84]说："你看这些鸳鸯[84]都是一对[77]一对[77]的，如果我是个穿红衣服的女孩子，你愿意不愿意和我做一对[77]鸳鸯[84]？"梁山伯说："可惜呀，你不是女孩子，你是我弟弟，咱们怎么能成一对[77]鸳鸯[84]？你真能开玩笑。"

祝英台又借几个事打比方[76]，主要是想让他明白自己的意思。可是梁山伯都没听懂。祝英台只好对他说：

---

82. 傻 shǎ: silly, foolish
83. 哭 kū: cry
84. 鸳鸯 yuānyāng: mandarin duck

"梁哥哥,你怎么这么傻[82],让你懂一些事,真不容易啊。"梁山伯听了更不懂了。他在想,祝弟弟今天是怎么了,总是说一些让人听不懂的话,说些和我们一点儿关系也没有的事。

已经走了很长的路,祝英台急坏了。她不好意思说出自己心[9]里的话,可是又怕再也没有机会[46]跟他说了。她想了一下说:"你还记得我的小九妹吗?就是我那个想出来学习的小妹妹。她和我是双胞胎[85],别人都说我们两个人长得像极了[45],我想介绍你们认识,让你和小九妹做夫妻[73],你愿意吗?"梁山伯原来就非常喜欢祝弟弟,而且非常相信祝弟弟,现在祝弟弟给他介绍女朋友,那女孩子又是祝弟弟的妹妹,还和祝弟弟长得一样好看,梁山伯非常高兴,马上说:"我愿意,我愿意!"听他这么一说,祝英台紧张的心[9],一下子放下来了。她立刻约他到祝家去提亲[74]。现在,祝英台心[9]里放下了一件大事,愉快地和梁山伯继续向前走。

85. 双胞胎 shuāngbāotāi: twins

他们走了很远很远,可是两个人都觉得还有很多话没说,觉得时间不够。他们走一会儿,停一会儿,停一会儿又走一会儿,走了十八里路,就是不愿意说再见。后来,他们走到长亭这个地方。长亭是一条大河[86]旁边的一座小城[87]。他们不能再向前走了,因为祝家来接祝英台的人,已经在大河[86]旁边等着了,他们必须说再见了。离开的时候,祝英台又对梁山伯说:"梁哥哥,一定不要忘了来提亲[74],咱们约好七月七日,小九妹等着你。"梁山伯回答说:"好,我一定

86. 大河 dà hé: big river
87. 小城 xiǎo chéng: small town

去！再见，祝你一路平安！"

祝英台走了，她走一段路就回头看看梁山伯，梁山伯站在原来的地方，眼睛一直跟着祝英台，看着她慢慢地走得越来越远。最后，梁山伯看见祝英台走到一个路口，回过头看了看，又举起手向他摆了摆，然后往右拐去，看不见了。梁山伯觉得心°里像少了什么一样……

Want to check your understanding of this part?
Go to the questions on page 62.

5. 在楼台[88]上见面

　　梁山伯回到学校后，虽然还是继续努力学习和提高，可是总是想着祝弟弟，也总想着去祝家提亲[74]的事。可是很糟糕，快到约好的日子，他的妈妈突然病倒了，而且病得很重，躺在床上话都不能说了。家里只有爷爷和奶奶，照顾不了妈妈，梁山伯忙回了家。妈妈的病太重了，一分钟都不能离开人的照顾，那时候没有邮局，梁山伯想给祝英台写封信都发不出去……这样过了好久，一直到妈妈病好了，梁山伯才回到学校。

　　梁山伯走了那么长时间也没消息，师娘[71]很着急[11]，见他回来了，师娘[71]立刻和他说起[75]祝英台的事情，而且让他去祝英台家提亲[74]。这时候他才知道，原来祝英台是女的！三年了，自己怎么没看出来？他想起送她

---

88. 楼台 lóutái: a high building, tower

回家的路上,她说了好多鹅呀、鸳鸯⁸⁴呀,原来都是在一遍又一遍地告诉自己呀。她说给小九妹提亲⁷⁴,小九妹原来就是她自己啊!那时候自己怎么那么傻⁸²,一点儿都听不懂!这个祝英台真和一般的人不同,能给自己提亲⁷⁴,太不简单了。梁山伯更喜欢他的祝"弟弟"了。

梁山伯不等学校放假,就去向老师请假⁷²,他要去祝家庄,和祝英台见面,向祝家提亲⁷⁴!

5. 在楼台[88]上见面

梁山伯来到祝英台家，祝英台穿着女人的衣服，从家里跑出来，到门口欢迎她的男朋友。梁山伯看见祝英台已经完全是女孩子的样子，而且更漂亮可爱，心[9]里满满的都是高兴。梁山伯说："好久不见，最近你还好吧？"祝英台红着脸说："快进来，我一直等着你快点儿来，可是总是没有你的消息。"祝英台把梁山伯请到楼上的客厅里，他们要好好儿聊聊。

上了楼，刚坐下来，梁山伯就急着说出师娘[71]让他来提亲[74]的事。谁知道祝英台突然哭[83]起来，同时说："梁哥哥，你为什么这么晚才来呀？"梁山伯忙问："怎么了，出什么事了？"祝英台哭[83]着说："我爸爸已经把我许配[89]给马文才了！马文才家就在祝家庄的北边，不算太远，他家在附近很有名，有好几家卖东西的大商店，非常有钱[1]，这些情况大概你也知道。今年春天，马家带了一份非常贵的礼物来提亲[74]，父亲愿意和有名有钱[1]的人变成一家，他收了马家送来的礼物，

---

89. 许配 xǔpèi: be betrothed to...

决定让我和马文才做夫妻[73]。马家打算过了新年,就把我接到马家去。"这个消息对梁山伯太突然了,他忙说:"啊?我,我这就去找祝员外提亲[74]!也许还有希望。"祝英台摆了一下手说:"晚了,晚了,这件事周围几十里,差不多所有的人都知道了,已经不可能有什么变化了!"

梁山伯听了,觉得有什么东西重重地打在头上,嘴张得大大的,半天才说:"不,不,这怎么行?"祝英台接着说:"你我兄弟[51]一场,从草桥亭第一次见面,到学校生活三年,从你送我十八里路,到我在家天天等着你来提亲[74],这中间经过了多少事情啊,现在想起来,这一切就像昨天的事一样。我一直希望和你做夫妻[73],现在怕是[90]不行了。"

说完两个人一起哭[83]起来。梁山伯说:"除了你,我是不会向任何人提亲[74]的。不能和你做夫妻[73],我以后的生活还有什么意思?"祝英台说:"梁哥哥,我心[9]里只有你一个人,你记

---

90. 怕是 pàshì: be afraid of...

5. 在楼台[88]上见面

着,就是死,我也不会和马文才做夫妻[73]的。"

两个人一边哭[83]一边说着心[9]里的话,他们都觉得谁也不能离开谁,决定一定要在一起,如果生不能在一起,那么死了也要在一起。

祝员外知道了梁山伯和祝英台两个人在一起哭[83],特别不高兴。虽然祝员外也觉得梁山伯是个非常好的人,但是梁山伯家的情况比较差,家里没有多少钱。他家吃的穿的用的都是比较便宜的东西。祝员外怕女儿和梁山伯在一起，日子会很苦。他也怕马家知道梁山伯来提亲[74]的事，会有很大麻烦。他觉得，得让梁山伯快点儿离开，而且必须让祝英台死了这个心[9]。

他跑上楼，走进客厅，站在梁山伯前面，冷冷地对他说："我女儿已经许配[89]给马家了，这里没你的事了，你快走吧。"

梁山伯客气地说："我和英台做同学三年了，我们了解很深，将来我会让她生活得很好……"祝员外不等他说完，就用手指[91]着他的鼻子说："你，你快给我离开这儿！不要让马家知道，如果你再不走，我就不客气了。"

梁山伯还想说点儿什么，可是祝员外什么也不想听。他让人把祝英台关[92]进一个房间里，不让她出来。同时，让人把一条黑毛大狗放了出来，那黑毛大狗向着梁山伯大叫，眼睛还一直看着梁山伯。梁山伯知道没有希望了，只好离开祝家。

梁山伯回到家里，心[9]里乱极

---

91. 指 zhǐ: point at, point to
92. 关 guān: close, shut

5. 在楼台[88]上见面

了[45]。虽然每天还像以前一样，手里拿着书，可是一个字也看不进去。他总是想着祝英台，可是又没办法和她在一起。他每天饭不想吃，水不想喝，不知道饱，也不知道饿。晚上也不能好好儿睡觉，很快就病倒了。刚开始像感冒咳嗽，后来每天头疼发烧，而且身体的每个部分都疼。再后来，他不能吃东西了，躺在床上也不能起来了，看了很多大夫[12]，吃了很多药都不行。他的病越来越重，不久就死了。死以前，他告诉家里人，他死以后要埋[93]在从祝家到北边马家去的路旁边，让他能看到祝英台。

Want to check your understanding of this part?
Go to the questions on page 62.

---

93. 埋 mái: cover, bury

6. 漂亮的蝴蝶[94]飞出来

新年到了，马家接祝英台的日子也到了。马家来了很多人，还有很多辆车。那些人都穿着干净好看的新衣服，那些车上放着大包小包的各种礼物和行李。中国人办大好事时喜欢用红色，所有的东西差不多都是红色的。接祝英台的花轿[95]，更是被收拾得特别漂亮。花轿[95]又高又大又舒服[36]，里外上下全部是红色的。花轿[95]周围还挂着各种颜色的小球和刚开的花儿。欢迎的人和车在祝家房子周围排了很长的队。

祝家房子的大门[96]上高高地挂着两个红色的大灯笼。附近很多人都来参观。人们说说笑笑[97]，又唱又跳。还有几个小狗在人和车队[98]中间

---

94. 蝴蝶 húdié: butterfly
95. 花轿 huājiào: wedding sedan chair
96. 大门 dàmén: entrance door, front door
97. 说说笑笑 shuōshuō-xiàoxiào: laughing and chatting
98. 车队 chēduì: fleet, motorcade

6. 漂亮的蝴蝶[94]飞出来

又跑又叫。

马家的花轿[95]就停在祝家大门口,等着祝英台。可是祝英台一直在哭[83],她不换衣服,连脸都没洗。她躺着不动,就是不愿意上花轿[95],就是不想去马家。

祝员外不想让外边的人知道祝英台不愿意去马家,也不想让人看到英台在哭[83],可是英台不听他的,把他急坏了!这都什么时候了,外面人们都在等着呢。他只好对英台说:"我这都是为了你好,只要你上花轿[95]去马家,你要怎么样都行。"

祝英台想了想,说:"我要穿一套

白衣服,花轿⁹⁵要在梁山伯的坟墓⁹⁹前停下来,我要去看看他,然后才能去马家。"祝员外为了让女儿快点儿上花轿⁹⁵,只好说:"可以,可以!但是要快,看看就走。"他找人帮着把祝英台的脸洗干净,给她先穿上一套白衣服,外面又穿上新的红衣服,然后把她放进花轿⁹⁵抬⁵⁹走了。

　　谁也想不到,花轿⁹⁵在快要抬⁵⁹到梁山伯坟墓⁹⁹前的时候,天气突然变了,从东边来了风。那风很大,抬⁵⁹花轿⁹⁵的人都没办法继续走了,只好放下花轿⁹⁵。这时候,祝英台正在花轿⁹⁵里哭⁸³呢,银心告诉她,前面就是梁山伯的坟墓⁹⁹。祝英台听了,一把脱下外边的红衣服,从花轿⁹⁵里出来,向梁山伯坟墓⁹⁹跑去,她要去看看梁山伯,看看她的梁哥哥。风越来越大,跑着跑着,风把她吹倒了。她努力地爬起来,继续跑,可是跑了不远,又被风吹倒,她爬起来再跑。就这样,倒了,爬起来,又倒了,又爬起来……一直跑到梁山伯的坟墓⁹⁹前。

　　祝英台到了梁山伯的坟墓⁹⁹前,

99. 坟墓 fénmù: grave, tomb

大哭[83]起来。梁哥哥没有了,她的心[9]疼极了[45],她要去找梁哥哥,他们以前说过,就是死,两个人也要死在一起!这时候,天一下子黑了,接着又下雨了,下得很大,风也更大了。周围又黑又冷,闪电[100]一个接着一个,照得周围的天都白了,同时雷声[101]也一个接着一个。突然,一个闪电[100]打过来,加上一个很大的雷声[101],人们看到梁山伯的坟墓[99]一下裂开[102]一条大缝[103]。人们从来没有见过这样的事,怕极了[45],心[9]都要跳出来了。只有祝英台不怕,她看到坟墓[99]裂开[102]了,像看到了希望。人们看见她好像笑了笑,叫着梁山伯的名字,努力一跳,就跳进坟墓[99]里去了。祝英台刚跳进去,坟墓[99]立刻就关上了。人们完全不能相信自己的眼睛,等他们想起来的时候已经晚了,祝英台早已经不知道去哪里了。一会儿,天晴了,不再下雨,风也停了,周围的一切都安静[31]了。太阳出来了,蓝蓝的天上

---

100. 闪电 shǎndiàn: lightning
101. 雷声 léishēng: thunder, thunderclap
102. 裂开 lièkāi: split, crack
103. 缝 fèng: crack, crevice

有一道¹⁰⁴漂亮的彩虹¹⁰⁵。

这时候，人们发现有一对⁷⁷漂亮的大蝴蝶⁹⁴从坟墓⁹⁹里飞出来。这两只蝴蝶⁹⁴比一般的蝴蝶⁹⁴要大很多，而且颜色非常好看。它们在彩虹¹⁰⁵下快乐地飞着，一会儿高，一会儿低，一会儿飞上来，一会儿飞下去，像是比赛，又像在跳舞。虽然抬⁵⁹花轿⁹⁵的人和祝家、马家的人心⁹里还很怕，还张着圆圆的眼睛，嘴也闭¹⁰⁶不上，但是这两只蝴蝶⁹⁴，只生活在自己的世界里，

104. 一道 yí dào: a streak of sth.
105. 彩虹 cǎihóng: rainbow
106. 闭 bì: shut, close

6. 漂亮的蝴蝶[94]飞出来

一切都和它们没关系了。它们有的时候[58]你飞到我前面,有的时候[58]我飞到你前面,像是在快乐地说话[50]聊天儿,它们一刻也不离开,在彩虹[105]下飞呀飞呀……

人们说,这两只蝴蝶[94]就是梁山伯和祝英台变的。他们会一直在一起快乐地生活,谁也不能再让他们离开了。

这个故事在中国已经讲了一千多年,人们说,喜欢这个故事的人就能看见那对[77]漂亮的大蝴蝶[94]。如果你喜欢这个故事,那么,有空儿的时候你可以试试:下雨以后,只要彩虹[105]出来,你一定会看见一对[77]很大很漂亮的蝴蝶[94],在彩虹[105]下飞过来飞过去,那就是梁山伯和祝英台变的。

> Want to check your understanding of this part?
> Go to the questions on page 63.

> To check your vocabulary of this reader,
> go to the questions on page 64.

> To check your global understanding of this reader,
> go to the questions on page 65–66.

生词表
Vocabulary list

1	有钱	yǒu qián	rich, wealthy
2	叫作	jiàozuò	be called, named
3	年轻人	niánqīngrén	young people
4	心动	xīndòng	one's mind is perturbed, interest is aroused
5	家门	jiāmén	the gate of a house
6	同意	tóngyì	agree
7	想法	xiǎngfǎ	idea
8	道理	dàolǐ	reason, sense
9	心	xīn	heart
10	保姆	bǎomǔ	maid, maidservant (in China)
11	着急	zháojí	worry
12	大夫	dàifu	doctor
13	算命	suàn mìng	fortune telling
14	帽子	màozi	hat
15	看起来	kàn qilai	look, seem
16	心病	xīnbìng	secret trouble, anxiety in heart
17	心疼	xīnténg	feel distressed
18	骗	piàn	cheat, deceive
19	看不出来	kàn bu chūlái	not be found
20	打仗	dǎ zhàng	fight, go to war
21	书童	shūtóng	boy attendant at school
22	看来	kànlái	it seems..., look likely
23	出门	chū mén	go out
24	改变	gǎibiàn	change
25	记住	jìzhù	remember, bear in mind
26	注意	zhùyì	take care, be careful

27	千万	qiānwàn	be sure to...
28	双	shuāng	pair
29	暖和	nuǎnhuo	warm
30	草	cǎo	grass
31	安静	ānjìng	quiet
32	小鸟	xiǎoniǎo	bird, little bird
33	蓝天	lántiān	sky, blue sky
34	白云	báiyún	cloud, white cloud
35	飞来飞去	fēilái-fēiqù	fly around
36	舒服	shūfu	comfortable
37	亭子	tíngzi	pavilion
38	看样子	kàn yàngzi	look, seem
39	地上	dìshang	on the ground
40	一整天	yìzhěngtiān	the whole day, all day
41	赶快	gǎnkuài	quickly, hurry up
42	困难	kùnnan	difficulty, hardship
43	正要	zhèngyào	be about to (do sth.)
44	热情	rèqíng	enthusiasm
45	极了	jíle	great, extremely
46	机会	jīhuì	opportunity, chance
47	互相	hùxiāng	each other
48	当然	dāngrán	of course, certainly, sure
49	十分	shífēn	very
50	说话	shuō huà	speak, talk
51	兄弟	xiōngdì	brother(s)
52	遇到	yùdào	encounter, run into
53	脚下	jiǎoxià	under one's feet
54	一路上	yílùshang	all the way
55	有说有笑	yǒu shuō-yǒu xiào	talking and laughing

56	提起来	tí qilai	start to talk, strike up a conversation
57	一半	yíbàn	half
58	有的时候	yǒude shíhou	sometimes
59	抬	tái	raise, lift up
60	知识	zhīshi	knowledge
61	做人	zuò rén	be a man
62	细细地	xìxì de	very carefully
63	得到	dédào	get, obtain
64	装样子	zhāng yàngzi	pretend, put on an act
65	坐不住	zuò bu zhù	hardly sit still on chair
66	要不然	yàoburán	otherwise
67	木棍	mùgùn	stick
68	办事	bàn shì	work for someone else
69	坏人	huàirén	bad person
70	白天	báitiān	daytime
71	师娘	shīniáng	wife of one's teacher
72	请假	qǐng jià	ask for leave
73	夫妻	fūqī	couple, husband and wife
74	提亲	tí qīn	propose marriage to a girl
75	说起	shuōqǐ	bring up (a subject), begin talking about
76	打比方	dǎ bǐfang	as an analogy
77	对	duì	couple, pair
78	鹅	é	goose
79	一块儿	yíkuàir	a piece of sth.
80	公鹅	gōng'é	gander
81	母鹅	mǔ'é	female goose
82	傻	shǎ	silly, foolish
83	哭	kū	cry
84	鸳鸯	yuānyāng	mandarin duck

85	双胞胎	shuāngbāotāi	twins
86	大河	dà hé	big river
87	小城	xiǎo chéng	small town
88	楼台	lóutái	a high building, tower
89	许配	xǔpèi	be betrothed to...
90	怕是	pàshì	be afraid of...
91	指	zhǐ	point at, point to
92	关	guān	close, shut
93	埋	mái	cover, bury
94	蝴蝶	húdié	butterfly
95	花轿	huājiào	wedding sedan chair
96	大门	dàmén	entrance door, front door
97	说说笑笑	shuōshuō-xiàoxiào	laughing and chatting
98	车队	chēduì	fleet, motorcade
99	坟墓	fénmù	grave, tomb
100	闪电	shǎndiàn	lightning
101	雷声	léishēng	thunder, thunderclap
102	裂开	lièkāi	split, crack
103	缝	fèng	crack, crevice
104	一道	yí dào	a streak of sth.
105	彩虹	cǎihóng	rainbow
106	闭	bì	shut, close

练 习
Exercises

1. **离开家去学校**

   根据故事选择正确答案。Select the correct answer for each of the questions.

   (1) 为什么祝英台想离开家去学校？
   　　a. 外面有很多有意思的事情　　b. 学校离家很近
   (2) 为什么祝英台的父母不让她去学校？
   　　a. 学校里只有男孩子　　　　　b. 祝英台年纪太小
   (3) 大夫[12]治好祝英台的病了吗？
   　　a. 治好了　　　　　　　　　　b. 没治好
   (4) "算命[13]先生"说怎么样可以治好祝英台的病？
   　　a. 吃几种药　　　　　　　　　b. 出去学习

2. **哥哥和"弟弟"**

   根据故事选择正确答案。Select the correct answer for each of the questions.

   (1) 祝英台在哪里第一次见到梁山伯？
   　　a. 在家　　　　b. 在学校　　　　c. 在草桥亭
   (2) 梁山伯给了老人什么东西？
   　　a. 一些吃的　　b. 一些喝的　　　c. 一些钱
   (3) 梁山伯出门[23]要做什么？
   　　a. 给有钱[1]人打工　　b. 去书院学习　　c. 出来游玩儿
   (4) 小九妹是祝英台的妹妹吗？
   　　a. 是　　　　　b. 不是

(5) 祝英台为什么觉得梁山伯是懂自己的人?
   a. 他们要在同一个地方读书
   b. 梁山伯认为女孩子也应该出来学习
   c. 梁山伯也有一个妹妹
(6) 去杭州的路上,谁最会讲故事?
   a. 梁山伯　　　　　b. 祝英台

3. 在学校的日子

根据故事选择正确答案。 Select the correct answer for each of the questions.

(1) 祝英台在学校要特别注意[26]什么事情?
   a. 不能让别人知道自己是女孩子
   b. 上课听不懂老师说的话
(2) 同学过生日的时候,梁山伯和祝英台会做什么?
   a. 比赛学习　　　b. 买东西请客
(3) 马文才平时喜欢做什么?
   a. 看书学习　　　b. 找别人麻烦
(4) 马文才是好学生吗?
   a. 是　　　　　　b. 不是
(5) 马文才找祝英台的麻烦,是谁站出来帮助她的?
   a. 梁山伯　　　b. 一个小同学　　　c. 没有人
(6) 祝英台为什么在床上放一碗水?
   a. 晚上喝　　　b. 不让梁山伯乱动
(7) 谁最早发现了祝英台是女孩子?
   a. 梁山伯　　　b. 老师　　　　　c. 师娘[71]
(8) 跟祝英台谈话后,师娘[71]做了什么?
   a. 把秘密告诉了学校　　　b. 没把秘密告诉任何人
(9) 祝英台想让师娘[71]做什么事?
   a. 告诉梁山伯提亲[74]的事　　　b. 帮忙照顾梁山伯

4. 送"弟弟"走了十八里路

下面的说法哪个对,哪个错? Mark the correct ones with "T" and incorrect ones with "F".

(1) 祝英台想告诉梁山伯自己是女孩子,可是说不出来。
　　　　　　　　　　　　　　　　　　　　　( )
(2) 祝英台让梁山伯看河里的一对[77]鹅[78],梁山伯很快明白了她的意思。　　　　　　　　　　　　　( )
(3) 小九妹和祝英台是双胞胎[85]。　　　　　　( )
(4) 梁山伯送祝英台很远,一直到了她的家里。( )
(5) 祝英台和梁山伯约好了下次见面的时间。( )

5. 在楼台[88]上见面

根据故事选择正确答案。Select the correct answer for each of the questions.

(1) 梁山伯是怎么知道祝英台是女孩子的?
　　a. 师娘[71]告诉他的　　　b. 祝英台告诉他的
(2) 小九妹与祝英台是什么关系?
　　a. 祝家的姐妹　　　　　b. 同一个人
(3) 谁先去祝家提亲[74]了?
　　a. 梁山伯　　　　　　　b. 马文才
(4) 祝员外最后同意[6]谁和祝英台做夫妻[73]?
　　a. 梁山伯　　　　　　　b. 马文才
(5) 梁山伯的病为什么会越来越重?
　　a. 总是想着祝英台　　　b. 没有吃药

6. 漂亮的蝴蝶⁹⁴飞出来

下面的说法哪个对,哪个错? Mark the correct ones with "T" and incorrect ones with "F".

(1) 接祝英台的花轿⁹⁵是红色的。　　　　　　　( )
(2) 祝英台不愿意上花轿⁹⁵,不想和马文才做夫妻⁷³。( )
(3) 祝英台想穿红色的衣服上花轿⁹⁵。　　　　　( )
(4) 花轿⁹⁵路过梁山伯的坟墓⁹⁹时,没有停下来。　( )
(5) 祝英台看见了梁山伯,然后跳进了坟墓⁹⁹。　　( )
(6) 故事最后,梁山伯和祝英台变成了两只蝴蝶⁹⁴。( )

词汇练习 Vocabulary exercises

选词填空 Fill in each blank with the most appropriate word.

1. a. 同意[6]　b. 合适　c. 改变[24]　d. 心疼[17]　e. 注意[26]
(1) 在外面要多_____，千万[27]不能马马虎虎。
(2) 算命[13]先生戴着一个高高的帽子[14]，看起来[15]不太_____。
(3) 古时候，父母不_____女孩子去学校学习。
(4) 祝员外_____女儿，最怕她的身体有什么问题。
(5) 祝员外知道，祝英台想要做的事，别人是不能_____的。

2. a. 陪着　b. 习惯　c. 要求　d. 赶快[41]　e. 离开
(1) 河里的水好像唱着歌一样，_____她们向前走。
(2) 祝英台_____把自己带的吃的东西拿过来让老人吃。
(3) 现在和以前非常不同，祝英台要快点儿_____新的生活。
(4) 祝英台_____梁山伯睡觉的时候不能乱动。
(5) 梁山伯和祝英台在学校学习了三年，成了谁也不能_____谁的好"兄弟[51]"。

3. a. 麻烦　b. 打比方[76]　c. 打算　d. 继续　e. 希望
(1) 祝英台想借着周围的事情_____，让梁山伯知道她是女孩子。
(2) 马文才_____过了新年就把祝英台接到马家去。
(3) 祝员外怕马家知道梁山伯来提亲[74]的事，会有很大_____。
(4) 梁山伯知道没有_____了，只好离开祝家。
(5) 风很大，抬[59]花轿[95]的人都没办法_____走了，只好放下花轿[95]。

综合理解 Global understanding

根据整篇故事选择正确的答案。 Select the correct answer for each of the gapped sentences in the following passage.

很久以前,中国只有男孩子可以去学校学习,女孩子只能在家,一般都不看书。但是住在祝家庄的祝英台不一样。祝英台喜欢看书,知道在离家(a.很近 b.很远)的杭州,有一个万松书院很有名,她很想去那里学习(a.打仗[20] b.知识[60])。她把想法[7]告诉了爸爸妈妈,他们十分[49](a.同意[6] b.不同意[6])。英台说,穿得像个(a.男孩子 b.女孩子),去杭州学习就没问题了。祝员外了解自己的女儿,知道(a.在家 b.出门[23])学习是不能改变[24]了,只好让她去了。

英台和银心穿着男人的衣服,(a.走着 b.坐车)去杭州。在路上,他们(a.遇到[52] b.帮助)了梁山伯和他的书童[21]四九,英台和梁山伯都是去万松书院学习的,他们互相[47]很喜欢,两人就成了(a.兄妹 b.兄弟[51])。

到了万松书院,老师让他俩在一张桌子上学习。他们学习很努力,还一起(a.比赛 b.请假[72])。一个(a.好学生 b.坏学生)马文才找英台的麻烦,梁山伯站在最前面为英台说话[50]。英台心[9]里很喜欢这个哥哥。梁山伯也喜欢英台,觉得"他"学习好,还愿意(a.找别人麻烦 b.帮助别人)。

在学校学习了三年,英台一直没被发现是女的,可是(a.老师 b.师娘[71])早就知道了,她很懂英台的想法[7],(a.没有告诉 b.告诉了)其他人。有一天,英台要离开(a.学校 b.家)了,她对师娘[71]说,自己深深地爱上了(a.梁山伯 b.马文才),请师娘[71]让他去祝家提亲[74]。英台走的时候,对梁山伯说,想介绍小九妹,让他们做(a.夫妻[73] b.兄弟[51])。并且约好了七月七日,让他来家里(a.吃饭 b.提亲[74])。

快到约好的日子,梁山伯的妈妈突然病倒了,他只好回家照顾妈妈。等他回到学校,师娘[71]立刻告诉了他英台的事情。这时候,梁山伯才(a.看到　b.知道),祝"弟弟"原来是(a.男的　b.女的)!小九妹就是(a.英台　b.英台的妹妹)!梁山伯去了祝家庄,可是他(a.来早　b.来晚)了,祝员外已经把她许配[89]给了(a.梁山伯　b.马文才)。梁山伯回家以后,很快就病倒了。他告诉家里人,他死以后要埋[93]在从祝家到马家的路旁边,让他能看到祝英台。

　　过了新年,马家接英台的花轿[95]到了,英台一直(a.哭[83]　b.笑),不愿意上花轿[95]。她要穿一套(a.红衣服　b.白衣服),去梁山伯的坟墓[99]看看,祝员外同意[6]后,她才上了花轿[95]。花轿[95]快要到梁山伯的坟墓[99]的时候,天突然黑了,来了很大的风,还下了(a.雨　b.雪),人们看到坟墓[99]裂开[102]了,祝英台叫着梁山伯的名字,就跳了进去。还没等人们反应过来,坟墓[99]就立刻关[92]上了。过了一会儿,天晴了,天上出现了彩虹[105]。一对[77]漂亮的(a.小鸟[32]　b.蝴蝶[94])从(a.天上　b.坟墓[99]里)飞出来,它们飞呀飞呀……

　　人们说,这两只蝴蝶[94]就是梁山伯和祝英台变的。

练习答案
Answer key to the exercises

1. 离开家去学校
   (1) a　(2) a　(3) b　(4) b
2. 哥哥和"弟弟"
   (1) c　(2) a　(3) b　(4) b　(5) b　(6) a
3. 在学校的日子
   (1) a　(2) b　(3) b　(4) b　(5) a　(6) b
   (7) c　(8) b　(9) a
4. 送"弟弟"走了十八里路
   (1) T　(2) F　(3) F　(4) F　(5) T
5. 在楼台[88]上见面
   (1) a　(2) b　(3) b　(4) b　(5) a
6. 漂亮的蝴蝶[94]飞出来
   (1) T　(2) T　(3) F　(4) F　(5) F　(6) T

词汇练习 Vocabulary exercises

1. (1) e　(2) b　(3) a　(4) d　(5) c
2. (1) a　(2) d　(3) b　(4) c　(5) e
3. (1) b　(2) c　(3) a　(4) e　(5) d

综合理解 Global understanding

很久以前,中国只有男孩子可以去学校学习,女孩子只能在家,一般都不看书。但是住在祝家庄的祝英台不一样。祝英台喜欢看书,知道在离家(b.很远)的杭州,有一个万松书院很有名,她很想去那里学习(b.知识[60])。她把想法[7]告诉了爸爸妈妈,他们十分[49](b.不同意[6])。英台说,穿得像个(a.男孩子),去杭州学习就没问题了。祝员外了解自己的女儿,知道(b.出门[23])学习是不能改变[24]了,只好让她去了。

英台和银心穿着男人的衣服,(a.走着)去杭州。在路上,他们(a.遇到[52])了梁山伯和他的书童[21]四九,英台和梁山伯都是去万松书院学习的,他们互相[47]很喜欢,两人就成了(b.兄弟[51])。

到了万松书院,老师让他俩在一张桌子上学习。他们学习很努力,还一起(a.比赛)。一个(b.坏学生)马文才找英台的麻烦,梁山伯站在最前面为英台说话[50]。英台心[9]里很喜欢这个哥哥。梁山伯也喜欢英台,觉得"他"学习好,还愿意(b.帮助别人)。

在学校学习了三年,英台一直没被发现是女的,可是(b.师娘[71])早就知道了,她很懂英台的想法[7],(a.没有告诉)其他人。有一天,英台要离开(a.学校)了,她对师娘[71]说,自己深深地爱上了(a.梁山伯),请师娘[71]让他去祝家提亲[74]。英台走的时候,对梁山伯说,想介绍小九妹,让他们做(a.夫妻[73])。并且约好了七月七日,让他来家里(b.提亲[74])。

快到约好的日子,梁山伯的妈妈突然病倒了,他只好回家照顾妈妈。等他回到学校,师娘[71]立刻告诉了他英台的事情。这时候,梁山伯才(b.知道),祝"弟弟"原来是(b.女的)!小九妹就是(a.英台)!梁山伯去了祝家庄,可是他(b.来晚)了,祝员外已经把她许配[89]给了(b.马文才)。梁山伯回家以后,很快就病倒了。他告诉家里人,他死以后要埋[93]在从祝家到马家的路旁边,让他能看到祝英台。

过了新年,马家接英台的花轿[95]到了,英台一直(a.哭[83]),不愿意上花轿[95]。她要穿一套(b.白衣服),去梁山伯的坟墓[99]看看,祝员外同意[6]后,她才上了花轿[95]。花轿[95]快要到梁山伯的坟墓[99]的时候,天突然黑了,来了很大的风,还下了(a.雨),人们看到坟墓[99]裂开[102]了,祝英台叫着梁山伯的名字,就跳了进去。还没等人们反应过来,坟墓[99]就立刻关[92]上了。过了一会儿,天晴了,天上出现了彩虹[105]。一对[77]漂亮的(b.蝴蝶[94])从(b.坟墓[99]里)飞出来,它们飞呀飞呀……

人们说,这两只蝴蝶[94]就是梁山伯和祝英台变的。

练习编写与英文翻译:路冬月

为所有中文学习者(包括华裔子弟)编写的
第一套系列化、成规模、原创性的大型分级轻松泛读丛书

"汉语风"(Chinese Breeze)分级系列读物简介

"汉语风"(Chinese Breeze)是一套大型中文分级泛读系列丛书。这套丛书以"学习者通过轻松、广泛的阅读提高语言的熟练程度,培养语感,增强对中文的兴趣和学习自信心"为基本理念,根据难度分为8个等级,每一级6—8册,共近60册,每册8,000至30,000字。丛书的读者对象为中文水平从初级(大致掌握300个常用词)一直到高级(掌握3,000—4,500个常用词)的大学生和中学生(包括修美国AP课程的学生),以及其他中文学习者。

"汉语风"分级读物在设计和创作上有以下九个主要特点:

一、等级完备,方便选择。精心设计的8个语言等级,能满足不同程度的中文学习者的需要,使他们都能找到适合自己语言水平的读物。8个等级的读物所使用的基本词汇数目如下:

第1级:300 基本词	第5级:1,500 基本词
第2级:500 基本词	第6级:2,100 基本词
第3级:750 基本词	第7级:3,000 基本词
第4级:1,100 基本词	第8级:4,500 基本词

为了选择适合自己的读物,读者可以先看看读物封底的故事介绍,如果能读懂大意,说明有能力读那本读物。如果读不懂,说明那本读物对你太难,应选择低一级的。读懂故事介绍以后,再看一下书后的生词总表,如果大部分生词都认识,说明那本读物对你太容易,应试着阅读更高一级的读物。

二、题材广泛,随意选读。丛书的内容和话题是青少年学生所喜欢的侦探历险、情感恋爱、社会风情、传记写实、科幻恐怖、神话传说等。学习者可以根据自己的兴趣爱好进行选择,享受阅读的乐趣。

三、词汇实用,反复重现。各等级读物所选用的基础词语是该等级的学习者在中文交际中最需要最常用的。为研制"汉语风"各等级的基础词表,"汉语风"工程首先建立了两个语料库:一个是大规模的当代中文书面

语和口语语料库,一个是以世界上不同地区有代表性的40余套中文教材为基础的教材语言库。然后根据不同的交际语域和使用语体对语料样本进行分层标注,再根据语言学习的基本阶程对语料样本分别进行分层统计和综合统计,最后得出符合不同学习阶程需要的不同的词汇使用度表,以此作为"汉语风"等级词表的基础。此外,"汉语风"等级词表还参考了美国、英国等国和中国大陆、台湾、香港等地所建的10余个当代中文语料库的词语统计结果。以全新的理念和方法研制的"汉语风"分级基础词表,力求既具有较高的交际实用性,也能与学生所用的教材保持高度的相关性。此外,"汉语风"的各级基础词语在读物中都通过不同的语境反复出现,以巩固记忆,促进语言的学习。

四、易读易懂,生词率低。"汉语风"严格控制读物的词汇分布、语法难度、情节开展和文化负荷,使读物易读易懂。在较初级的读物中,生词的密度严格控制在不构成理解障碍的1.5%到2%之间,而且每个生词(本级基础词语之外的词)在一本读物中初次出现的当页用脚注做出简明注释,并在以后每次出现时都用相同的索引序号进行通篇索引,篇末还附有生词表,以方便学生查找,帮助理解。

五、作家原创,情节有趣。"汉语风"的故事以原创作品为主,多数读物由专业作家为本套丛书专门创作。各篇读物力求故事新颖有趣,情节符合中文学习者的阅读兴趣。丛书中也包括少量改写的作品,改写也由专业作家进行,改写的原作一般都特点鲜明、故事性强,通过改写降低语言难度,使之适合该等级读者阅读。

六、语言自然、鲜活。读物以真实自然的语言写作,不仅避免了一般中文教材语言的枯燥和"教师腔",还力求鲜活地道。

七、插图丰富,版式清新。读物在文本中配有丰富的、与情节内容自然融合的插图,既帮助理解,也刺激阅读。读物的版式设计清新大方,富有情趣。

八、练习形式多样,附有习题答案。读物设计了不同形式的练习以促进学习者对读物的多层次理解;所有习题都在书后附有答案,以方便查对,利于学习。

九、配有录音,两种语速选择。各册读物所附的故事录音(MP3格式),有正常语速和慢速两种语速选择,学习者可以通过听的方式轻松学习、享受听故事的愉悦。故事录音可通过扫描封底的二维码获得,也可通过网址http://www.pup.cn/dl/newsmore.cfm?sSnom=d203下载。

For the first time ever, Chinese has an extensive series of enjoyable graded readers for non-native speakers and heritage learners of all levels

ABOUT Hànyǔ Fēng (*Chinese Breeze*)

Hànyǔ Fēng (*Chinese Breeze*) is a large and innovative Chinese graded reader series which offers nearly 60 titles of enjoyable stories at eight language levels. It is designed for college and secondary school Chinese language learners from beginning to advanced levels (including AP Chinese students), offering them a new opportunity to read for pleasure and simultaneously developing real fluency, building confidence, and increasing motivation for Chinese learning. *Hànyǔ Fēng* has the following main features:

☆ Eight carefully graded levels increasing from 8,000 to 30,000 characters in length to suit the reading competence of first through fourth-year Chinese students:

Level 1: 300 base words	Level 5: 1,500 base words
Level 2: 500 base words	Level 6: 2,100 base words
Level 3: 750 base words	Level 7: 3,000 base words
Level 4: 1,100 base words	Level 8: 4,500 base words

To check if a reader is at one's reading level, a learner can first try to read the introduction of the story on the back cover. If the introduction is comprehensible, the leaner will be able to understand the story. Otherwise the learner should start from a lower level reader. To check whether a reader is too easy, the learner can skim the Vocabulary (new words) Index at the end of the text. If most of the words on the new word list are familiar to the learner, then she/ he should try a higher level reader.

☆ Wide choice of topics, including detective, adventure, romance, fantasy, science fiction, society, biography, mythology, horror, etc. to meet the diverse interests of both adult and young adult learners.

☆ Careful selection of the most useful vocabulary for real life communication in modern standard Chinese. The base vocabulary used for writing each level was generated from sophisticated computational analyses of very large written and spoken Chinese corpora as well as a language databank of over 40 commonly used or representative Chinese textbooks in different countries.

☆ Controlled distribution of vocabulary and grammar as well as the deployment of story plots and cultural references for easy reading and efficient learning, and highly recycled base words in various contexts at each level to maximize language development.

☆ Easy to understand, low new word density, and convenient new word glosses and indexes. In lower level readers, new word density is strictly limited to 1.5% to 2%. All new words are conveniently glossed with footnotes upon first appearance and also fully indexed throughout the texts as well as at the end of the text.

☆ Mostly original stories providing fresh and exciting material for Chinese learners (and even native Chinese speakers).

☆ Authentic and engaging language crafted by professional writers teamed with pedagogical experts.

☆ Fully illustrated texts with appealing layouts that facilitate understanding and increase enjoyment.

☆ Including a variety of activities to stimulate students' interaction with the text and answer keys to help check for detailed and global understanding.

☆ Audio files in MP3 format with two speed choices (normal and slow) accompanying each title for convenient auditory learning. Scan the QR code on the backcover, or visit the website http://www.pup.cn/dl/newsmore.cfm?sSnom=d203 to download the audio files.

"汉语风"系列读物其他分册
Other *Chinese Breeze* titles

"汉语风"全套共8级近60册,自2007年11月起由北京大学出版社陆续出版。下面是已经出版或近期即将出版的各册书目。请访问北京大学出版社网站(www.pup.cn)关注最新的出版动态。

Hànyǔ Fēng (*Chinese Breeze*) series consists of nearly 60 titles at eight language levels. They have been published in succession since November 2007 by Peking University Press. For most recently released titles, please visit the Peking University Press website at www.pup.cn.

第1级:300词级
Level 1:300 Word Level

错,错,错!
Wrong, Wrong, Wrong!

两个想上天的孩子
Two Children Seeking the Joy Bridge

我一定要找到她……
I Really Want to Find Her...

我可以请你跳舞吗?
Can I Dance with You?

向左向右
Left and Right: The Conjoined Brothers

你最喜欢谁?
Whom Do You Like More?

第2级：500词级
Level 2：500 Word Level

电脑公司的秘密
Secrets of a Computer Company

我家的大雁飞走了
Our Geese Have Gone

青凤
Green Phoenix

如果没有你
If I Didn't Have You

妈妈和儿子
Mother and Son

出事以后
After the Accident

一张旧画儿
An Old Painting

第3级:750词级
Level 3: 750 Word Level

第三只眼睛
The Third Eye

两个月,飞机上已经有五个人放在包里的钱没有了!这是谁干的呢?是一个人还是不同的人干的?警察(jǐngchá, police)很着急,想了很多办法,可是都没找到做坏事的人。有一天,他把那五次坐飞机的人的名字都找来,放在一起一个一个地看,看了一遍又一遍,突然,他的眼睛一亮,停在了一张纸的中间……

几天以后,警察跟在一个人的后边,坐进了飞往北京的飞机。

In just two months, five customers had large amounts of money stolen while in flight! Such cases became a headache for the cops. Harried and frustrated for a while, they found a clue while screening the names of all the customers. One day, when the thief showed up again on the airplane, a cop quietly followed. The cop sat there nonchalantly with his "third eye" watching and waiting for the fish to bite.

画皮
The Painted Skin

很久很久以前的一天,王生在他家附近的河边玩儿,看见了一个漂亮的姑娘,就把她带回他读书学习的那个房子里,快乐得忘了家里的太太。有一天,他从外边做事回来,看见一个可怕的妖怪(yāoguài, evil ghost)坐在他读书的桌子旁边,正在往身上穿一张皮(pí, skin),穿上以后,妖怪就变成了他带回来的那个漂亮姑娘!王生怕极了,倒(dǎo, fall down)在了地上……

A long time ago, Scholar Wang came across a pretty girl while he strolled along a creek near his home. Attracted by such beauty, Wang took her back and hid her in his private study house, and they spent many happy days together. However, one day when Wang came back from outside, he saw something that scared him to death: A dreadful ghost sat down at his desk put on a piece of painted skin, and turned into his pretty girl! Wang was very scared, fell onto the ground...

留在中国的月亮石雕
The Abandoned Moon Sculpture

看着从北京寄来的信,还有那张画着两个月亮的地图,白春水高兴得连手和脚都动了起来,像要跳舞一样。他拿起电话,很快打起了爷爷家的号码:"爷爷!爷爷!中国的那个月亮城有消息了!您思念了几十年的奶奶和那个的宝贝,现在可以去找回来了……"

他马上买了机票,飞到北京,又从北京飞到中国南方的一个城市,再坐半天火车和一天的汽车,进了大山里面,终于来到了月亮城。可是,眼前的月亮城怎么是这样?完全不像爷爷要找的那个月亮城啊……

Upon reading the letter from Beijing, and the accompanying map marked by two moons, Bai Chunshui couldn't help but dance with joy. He quickly picked up the phone and dialed his grandfather: "Grandpa, grandpa! The Moon City has been found! Now we can go to China to find grandma and the sculpture, the treasure you've been missing for decades!"

Chunshui hastily purchased an air ticket. He flew first to Beijing, then from Beijing to a city in southern China. He rode a train for several hours, and then a bus for a full day before finally arriving at the Moon City. But, how could the Moon City look like this? This definitely wasn't the place grandpa wanted to find...

朋友
Friends

我爸爸很有钱,但是他生了重病。我不喜欢学习,只喜欢跟朋友们一起喝酒吃饭、一起玩儿。当然,我还想干大事——把爸爸最大的公司要过来。可是,爸爸要求我先一个人去北京,和家里更有钱的大学生张力做朋友,变成张力那样的人。

在北京,我一直没找到张力。后来,我都差不多忘了找张力的事……不过,爸爸最后还是高兴地把他的大公司给了我。当然,这中间发生了很多想不到的事,把我的人生完全改变了。

  My father, for all his wealth, could do nothing about his sickness. I, for all my hard-partying habits, did want to do something big with my life—to take over my father's massive company. But my father asked me to go to Beijing first. He wanted me to spend some time with Zhang Li, a fellow college student whose father was even richer than mine. He wanted me to learn from Zhang Li and perhaps become like him.

  In Beijing, I couldn't find Zhang Li, and after a while I almost forgot what my father asked me to do. I couldn't imagine that such unbelievable things had happened to me while I was in Beijing, and my life was completely changed. And in the end my father did pass his company to me.

第4级:1,100词级
Level 4: 1,100 Word Level

好狗维克
Vick the Good Dog

两件红衬衫
Two Red Shirts

竞争对手
The Competitor

沉鱼落雁
Beauty and Grace